Les trains

Stephanie Turnbull

Conception : Neil Francis,
Catherine-Anne MacKinnon et Jayne Wilson
Illustrations : John Woodcock

Experts-conseils : David Williams et John J. Morena

Pour l'édition française :
Traduction : Christine Sherman
Rédaction : Renée Chaspoul et Nick Stellmacher

Sommaire

4 Le b.a.-ba du train
6 Les premiers trains
8 À toute vapeur !
10 Chemins de fer américains
12 La construction d'une voie
14 En voiture !
16 En ville
18 En sous-sol
20 Les trains de montagne
22 De plus en plus vite
24 Le diesel
26 Les trains de marchandises
28 Les géantes à vapeur
30 L'électricité à toute vitesse
32 La fin de la vapeur ?
34 Sous la mer
36 Les trains modernes
38 Les trains flottants
40 Les grands voyages en train
42 Les trains miniatures
44 Incroyable, mais vrai
46 Utiliser Internet
47 Index
48 Remerciements

Liens Internet

Tout le long de ce livre, des encadrés comme celui-ci décrivent des sites Web auxquels tu pourras accéder à partir de notre site **www.usborne-quicklinks.com/fr** pour en savoir plus sur les trains. Les éditions Usborne ne sont pas responsables du contenu de tout site Web autre que le leur. N'oublie pas de lire les consignes de sécurité à la page 46 et sur le site Quicklinks d'Usborne.

 Ce symbole, à côté d'un dessin, signifie que tu peux télécharger l'image à partir du site Quicklinks d'Usborne.

Photo de couverture : un train à vapeur
Page de titre : trains superexpress japonais
Ci-contre : un train à vapeur surchargé traverse la campagne indienne, sur la ligne tortueuse du Darjeeling.

Le b.a.-ba du train

L'invention des trains, il y a environ deux cent ans, a transformé le monde. Auparavant, les voyages étaient longs et difficiles. Le cheval était le moyen de locomotion le plus utilisé, pour les hommes comme pour les marchandises. Avec l'arrivée des locomotives à vapeur et, plus tard, des locomotives diesels et électriques, les voyages sont devenus plus rapides et bien plus confortables.

Composition d'un train

Un train est composé de wagons tirés par une locomotive. Celle-ci consiste essentiellement en un moteur de traction monté sur roues. Les locomotives à vapeur remorquent un wagon rempli de combustible (charbon), appelé tender.

Locomotives à vapeur

Les premières locomotives à vapeur virent le jour au début du XIXe siècle, dans le but initial de transporter rapidement les marchandises. Cependant, les compagnies de chemin de fer réalisèrent vite qu'elles pouvaient aussi prendre des passagers : ce fut le début d'un essor qui devait durer plus de cent ans.

Cette ancienne locomotive à vapeur anglaise est encore en parfait état de marche.

Locomotives diesels

Le diesel a commencé à remplacer la vapeur il y a environ soixante ans. Le moteur de ces locomotives est similaire à celui des camions, mais il fonctionne au gazole plutôt qu'à l'essence. Il est aussi très puissant, ce qui lui permet de tirer de très longs trains sur d'énormes distances.

Les locomotives diesels modernes, comme celle-ci, sont souvent arrondies à l'avant. La cabine du conducteur est très haut placée et offre une bonne vue de la voie.

Liens Internet
Des trains... encore des trains : turbotrains, diesels, électriques, à vapeur... en photo. Pour le lien vers ce site, connecte-toi à : www.usborne-quicklinks.com/fr

Locomotives électriques

Les trains modernes les plus rapides fonctionnent à l'électricité. Celle-ci leur est transmise par des câbles aériens ou, dans le cas des trains électriques du métro, par un troisième rail parallèle à la voie.

Ce type de train électrique est appelé train superexpress. Son profil aérodynamique lui permet de rouler à des vitesses d'environ 270 km/h.

Fait : le 3 avril 2007, le TGV français a battu son propre record du monde sur la ligne à grande vitesse est-européenne, avec 574,8 km/h.

5

Les premiers trains

Les premières locomotives à vapeur étaient d'énormes machines capables de tirer de lourdes charges, mais elles n'avançaient pas plus vite qu'un cheval et tombaient très souvent en panne.

Cette gravure de 1809 montre la locomotive *Catch Me Who Can* (attrape-moi qui peut) exposée sur une voie circulaire.

Premiers essais

La première locomotive à vapeur fut construite en 1804 par un Anglais du nom de Richard Trevithick. Elle était si lourde qu'elle brisa les rails. Trevithick en fabriqua une seconde, baptisée *Catch Me Who Can* (attrape-moi qui peut). Beaucoup plus légère, elle eut davantage de succès.

La *Locomotion*

En 1825, un ingénieur du nom de George Stephenson construisit une voie de chemin de fer dans le nord de l'Angleterre. Il dévoila à l'occasion la locomotive qu'il avait lui-même conçue, la *Locomotion*. Celle-ci fut utilisée pour tracter des wagons de charbon sur la voie.

Modèle miniature de la *Locomotion*. Le rebord en T des roues leur permet de mieux reposer sur les rails.

La meilleure de toutes

En 1829, George Stephenson inventa une locomotive encore plus perfectionnée, la *Rocket* (fusée), pour un concours lancé par les constructeurs d'une nouvelle voie de chemin de fer. La *Rocket* l'emporta sans peine : elle était non seulement plus rapide que ses concurrentes, mais elle fut la seule à ne pas tomber en panne !

Principe de la *Rocket*

Les diagrammes ci-dessous montrent comment la vapeur était produite, puis comment celle-ci actionnait les roues.

Le charbon brûlait dans le foyer, chauffant l'eau de la chaudière. En bouillant, l'eau produisait de la vapeur qui s'échappait dans un cylindre.

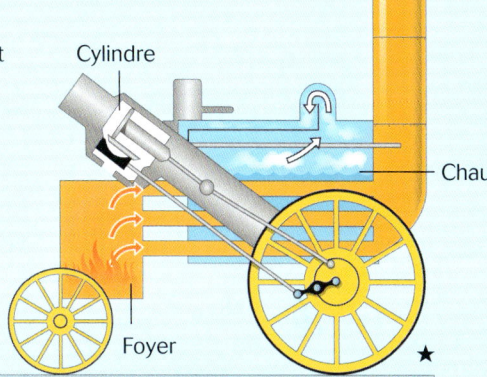

La vapeur remplissait le cylindre, compressant un disque métallique appelé piston. Celui-ci était connecté à une tige faisant tourner les roues.

La vapeur s'échappait par le tuyau d'échappement et le piston remontait.

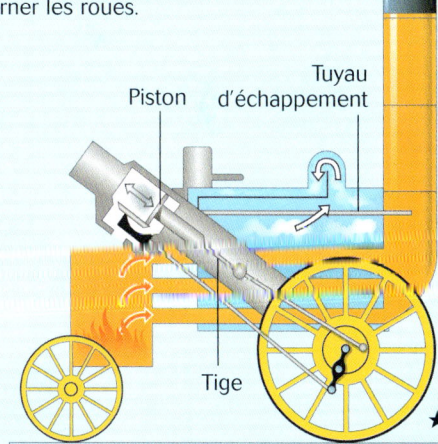

Reproduction de la *Rocket* telle qu'elle était en 1829.

Liens Internet

Le principe de fonctionnement d'une locomotive à vapeur, avec diagramme. Pour le lien vers ce site, connecte-toi à : **www.usborne-quicklinks.com/fr**

Fait : la *Rocket* était si bien conçue qu'elle servit de modèle à toutes les locomotives à vapeur qui suivirent.

7

À toute vapeur !

Le chemin de fer s'est popularisé autour de 1830. Rapidement, il a couvert le monde entier, et de nouvelles locomotives à vapeur plus performantes ont été mises au point.

En voyage autour du monde

Au départ, les locomotives venaient toutes d'Angleterre, mais les autres pays ne tardèrent pas à mettre au point leurs propres engins. Ce fut le cas d'abord de la France, de la Suisse et de l'Allemagne.

Types de voies

La distance entre les rails est appelée l'écartement de voie. Au départ, la plupart des chemins de fer avaient un écartement standard de 1,4 m.

Écartement étroit   Écartement standard   Grand écartement

Plus tard, l'écartement fut augmenté pour limiter les déraillements. Les voies étroites ont cependant continué d'être construites sur les terrains accidentés, difficiles d'accès. Aujourd'hui, divers écartements existent, mais l'écartement standard est le plus répandu.

Liens Internet

Renseigne-toi sur les trains à vapeur, et aussi, une série d'extraits d'un CD audio pour écouter siffler différents trains. Pour les liens vers ces sites, connecte-toi à : www.usborne-quicklinks.com/fr

Cette locomotive reproduit fidèlement *Der Adler* (l'aigle), la première locomotive à vapeur allemande.

Fait : les propriétaires des chemins de fer devinrent fabuleusement riches. L'un d'entre eux, George Hudson, fut même surnommé le « Roi du rail ».

La locomotive à vapeur *Fairy Queen* est la plus ancienne encore en service. Construite en Angleterre en 1855, elle fut exportée en Inde, où elle roule encore aujourd'hui.

Roues de locomotive

Les roues d'une locomotive sont de trois types. Les plus grandes et les plus importantes sont les roues motrices : ce sont elles qui sont entraînées par les pistons pour faire avancer le train. Toutes les locomotives à vapeur possèdent des roues motrices.

Certaines locomotives ont de petites roues avant, appelées conductrices, pour guider le train. Elles peuvent aussi avoir de petites roues arrière, dites porteuses, soutenant le foyer et la cabine du conducteur.

Code des locomotives

Le nombre et le type de roues d'une locomotive à vapeur sont souvent indiqués par un code numérique. Exemples :

Cette locomotive est une 4-4-2 : elle a 4 roues conductrices, 4 motrices et 2 porteuses.

Une 4-6-0 a 4 roues conductrices, 6 motrices et aucune porteuse.

Cette locomotive est une 2-8-2. Vois-tu pourquoi ?

Chemins de fer américains

Les premiers chemins de fer des États-Unis ont été construits dans les années 1830. En permettant de voyager plus loin que jamais et de traverser de vastes régions inhospitalières, ils ont changé la nation américaine à jamais.

Liens Internet

Cette fiche présente quelques photos de locomotives américaines. Pour le lien vers ce site, connecte-toi à : www.usborne-quicklinks.com/fr

Locomotives légères

Le territoire américain est immense. Les lignes de chemin de fer devaient donc être très longues. Pour qu'elles ne soient pas trop coûteuses, on décida d'utiliser des rails en acier léger et bon marché. Il fallut par conséquent inventer des locomotives également assez légères pour rouler sur ces rails sans les casser.

Hors de mon chemin !

Les premiers trains américains traversaient de grandes prairies où paissaient en toute liberté vaches et autres ruminants. Pour les éloigner de la voie, les locomotives étaient équipées d'un sifflet et d'une cloche actionnée par le conducteur. Si cela ne suffisait pas, une grille spéciale placée à l'avant et appelée chasse-corps ou chasse-pierres dégageait les intrus.

Ce train à vapeur traverse la campagne du Colorado. Il servait autrefois à transporter l'or et l'argent des mines avoisinantes. Aujourd'hui, c'est une attraction touristique.

Les belles américaines

Cette image montre l'agencement des roues d'une locomotive à vapeur américaine classique.

Les locomotives à vapeur les plus communes aux États-Unis étaient des 4-4-0 : elles comptaient 4 petites roues conductrices et 4 grandes roues motrices. Plus de 25 000 locomotives de ce modèle dit « américain » furent construites.

La ligne Union Pacific

La première ligne intercontinentale fut l'Union Pacific, inaugurée en 1869. Deux compagnies furent chargées de sa construction, une pour la partie Est, l'autre pour l'Ouest, chacune bien décidée à couvrir la plus grande distance possible. Du fait de cette concurrence, aucun lieu de rencontre n'avait été convenu à l'avance : deux lignes parallèles furent ainsi bâties sur plusieurs kilomètres avant qu'un point de jonction officiel fût décidé.

Cette locomotive à vapeur équipée d'un énorme chasse-pierres roulait sur la ligne Union Pacific en 1869.

Fait : une course fut organisée en 1830 entre un cheval et une locomotive à vapeur américaine baptisée *Tom Thumb*. Le cheval gagna, car la locomotive tomba en panne !

La construction d'une voie

La construction d'un chemin de fer est longue et dangereuse. Le terrain doit être aplani et dégagé de tout obstacle naturel, souvent à la dynamite. Des ponts doivent être jetés au travers des rivières et des vallées encaissées.

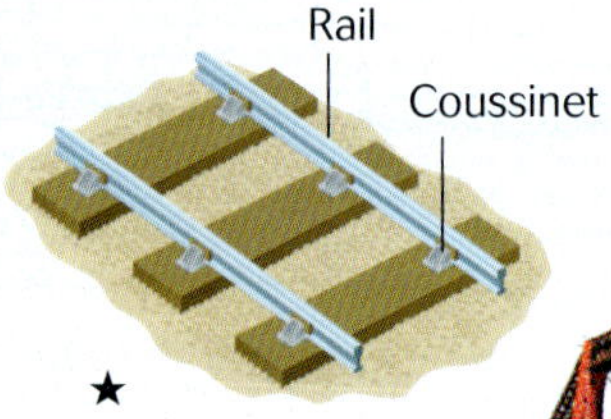

Liens Internet

Une fiche sur le viaduc de Gabarit, en France, construit par Gustave Eiffel. Pour le lien vers ce site, connecte-toi à : www.usborne-quicklinks.com/fr

La pose des rails

Les dessins ci-dessous expliquent comment on procédait autrefois. Les rails actuels sont d'aspect similaire, mais ils sont fabriqués dans des matériaux plus robustes et plus durables.

Un soutènement ferme est d'abord créé sous forme d'un lit de pierres concassées, appelé ballast. Des pièces en bois, ou traverses, sont ensuite posées sur le ballast.

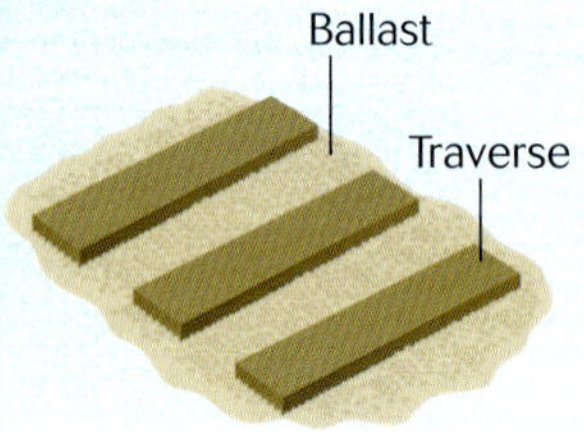

Des rails en fer ou en acier sont enfin fixés sur les traverses par des supports en fer appelés coussinets.

Ballast
Traverse
Rail
Coussinet
★

Ponts ferroviaires

La construction d'un pont de chemin de fer nécessite une main-d'œuvre abondante. C'est un travail long et pénible. Le pont doit être assez solide pour résister au poids des trains de marchandises et aux vibrations qu'ils produisent. Si les premiers ponts étaient en pierre, le fer et l'acier, plus résistants, devinrent vite la norme.

Ce pont est le Forth Railway Bridge, en Écosse. Inauguré en 1890, c'est le premier pont principalement en acier, l'un des plus solides jamais construit.

Un travail dangereux

Les premiers ouvriers du rail devaient affronter bien des dangers : les vapeurs d'explosifs et la poussière de roche étaient dangereuses à respirer, et éboulements de pierres et explosions accidentelles représentaient un danger mortel.

Les tribus indiennes, furieuses de cette intrusion sur leurs terres, attaquaient les cheminots de l'Union Pacific. En Afrique, quelques hommes malchanceux furent même tués par des lions.

Ouvriers de l'Union Pacific, photographiés vers 1860.

Fait : la roche à percer était si dure qu'il fallut plus de 24 ans pour terminer le tunnel de l'Hoosac aux États-Unis, commencé en 1854.

En voiture !

Un voyage en train était une grande aventure, permettant de découvrir des horizons nouveaux. Malheureusement, le trajet était souvent inconfortable, à moins, bien sûr, d'avoir assez d'argent pour un billet de première classe.

Trois classes de voyageurs

Les premiers trains avaient trois types de voitures : la première classe, spacieuse et meublée de fauteuils bien rembourrés, était la plus chère ; venaient ensuite la deuxième classe, moins confortable, mais meilleur marché, puis la troisième classe, la moins chère, souvent bondée et parfois dépourvue de sièges.

★ Les anciens wagons de première classe étaient solidement construits, décorés avec soin et dotés de nombreuses fenêtres.

★ Les wagons de deuxième classe étaient d'un style plus simple et avaient moins de fenêtres.

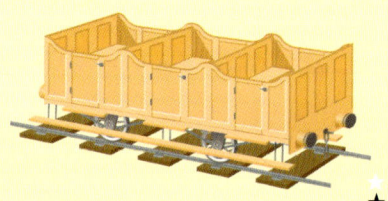

★ Les wagons de troisième classe étaient d'un confort très sommaire. Jusque dans les années 1840, certains n'étaient même pas couverts.

L'Orient Express

L'Orient Express était un train de luxe qui reliait la France à la Turquie, en faisant de nombreuses haltes en chemin. Véritable hôtel roulant, il comptait des restaurants, des voitures-bars, des wagons-lits et des salons meublés de fauteuils en cuir et décorés de rideaux de velours et de riches tapis.

L'Orient Express resta en service de 1883 à 1977. Son propriétaire actuel offre des voyages touristiques vers certaines villes de la ligne d'origine.

Serveurs de l'Orient Express aujourd'hui

Fait : les conducteurs des anciens trains à vapeur devaient se tenir debout, à découvert, pendant tout le voyage, ce qui les exposait aux intempéries et à la fumée de la locomotive.

Des palais sur roues

Les wagons les plus luxueux furent construits pour les têtes couronnées. Dans les années 1890, la reine Victoria voyageait dans des voitures comme celle-ci, aux tentures de soie et au mobilier élégant. L'empereur Napoléon III disposait d'un train privé avec balcon et cave à vins.

En ville

Certaines lignes de train sont construites en ville, afin de permettre aux citadins d'éviter les encombrements des rues. Les premières lignes intra-urbaines apparurent à la fin du XIXe siècle.

Problèmes de la vapeur

Au début, les lignes intra-urbaines utilisèrent la vapeur, mais on s'aperçut vite que celle-ci posait des problèmes en ville : la fumée de la locomotive envahissait les rues et recouvrait tout de suie ; les chevaux se cabraient à l'approche du train ; le bruit était assourdissant. Certaines villes tentèrent en vain de réduire la pollution en surélevant les lignes. Mais l'épaisse fumée subsistait dans l'air.

Voici deux types de tramways électriques : à gauche un tramway new-yorkais, à droite un tram d'Afrique du Sud.

Trains électriques

En 1881, une ville allemande inaugura un réseau de chemin de fer à trains électriques. Ce fut un grand succès : les nouveaux trains étaient propres, silencieux et peu encombrants. Bientôt, les « tramways » furent adoptés dans de nombreuses cités.

Tableau d'une rue de New York peint en 1895. On y voit un train à vapeur sur une ligne surélevée.

Le courant vient d'en haut

Les trains électriques sont en général alimentés en énergie par des câbles aériens. Un archet métallique (le pantographe) monté sur le toit capte le courant, qui fait tourner un moteur à l'intérieur du train.

Sur ce dessin, le pantographe du train touche le câble électrique.

> **Liens Internet**
> Tu peux voir ici quelques photos de tramways de différents pays (deux sites). Pour les liens vers ces sites, connecte-toi à :
> **www.usborne-quicklinks.com/fr**

Monorails

Un autre type de train électrique est le monorail. Le courant est transmis par le rail sur lequel le train roule. La ligne est bâtie au-dessus des rues et de la circulation.

Certains monorails sont suspendus sous le rail au lieu de rouler dessus, d'où leur nom de monorails suspendus.

Ce monorail suspendu est le Shonan, au Japon. Il roule haut au-dessus des rues animées.

Fait : l'un des monorails les plus anciens et les plus célèbres est celui de Wuppertal, en Allemagne. Cette ligne de 13 km date de 1901 et fonctionne encore aujourd'hui.

En sous-sol

La première ligne de train souterraine fut inaugurée à Londres en 1863. Dans une ville aussi encombrée, c'était la solution idéale. À partir de 1900, d'autres projets similaires furent entrepris à Boston, Budapest et Paris.

La Metropolitan

Toutes les locomotives à vapeur de la Metropolitan étaient peintes en rouge, comme celle-ci.

La première ligne souterraine londonienne fut baptisée la Metropolitan. Elle courait sur 6 km. Au début, les trains étaient tirés par des locomotives à vapeur, mais celles-ci enfumaient les tunnels étroits ; elles furent donc vite remplacées par des engins électriques.

Construction des tunnels

Les premiers tunnels du métro londonien furent construits juste en dessous du sol : on creusait un fossé au fond duquel on alignait les rails, puis on recouvrait le tout d'une voûte de brique et on terminait avec la remise en état de la route. C'était la méthode en « tranchée ouverte ».

Plus tard, des tunnels beaucoup plus profonds furent aménagés, grâce à des foreuses spéciales. Cette méthode était bien meilleure, car elle évitait d'avoir à refaire la route à chaque fois. Le métro de Londres a été surnommé le *Tube* en raison de la forme cylindrique de ses tunnels.

Train électrique dans l'un des tunnels du métro de Londres

Fait : le réseau de métro le plus étendu du monde est celui de New York. Il comprend 1 355 km de voies, dont certaines à ciel ouvert.

Cette station du métro de Moscou est éclairée par d'énormes chandeliers.

Des palais souterrains

Le métro de Moscou a été construit dans les années 30. Il est célèbre pour la beauté de ses stations, aux voûtes hautes richement ornées conçues par les plus grands architectes russes.

Les stations sont magnifiques, mais les ouvriers à l'origine de leur construction peinèrent de longues heures, souvent par un froid extrême. Nombreux sont ceux qui moururent à la tâche.

 Liens Internet
Un site pour te renseigner sur le métro parisien. Pour le lien vers ce site, connecte-toi à :
www.usborne-quicklinks.com/fr

Le métro parisien

Le métro parisien est l'un des plus célèbres du monde. Il fut inauguré en 1900, avec une ligne seulement. Aujourd'hui, il compte 15 lignes et plus de 300 stations.

Certaines de ses entrées sont très belles. Elles ont été réalisées par un architecte du nom d'Hector Guimard. Il conçut des rampes et des panneaux en verre et fer forgé dans le style Art nouveau de l'époque.

Cette entrée du métro parisien est couronnée d'une verrière élégante.

Les trains de montagne

Certains trains grimpent haut dans les montagnes. Pour qu'ils puissent gravir les pentes abruptes, les lignes doivent emprunter de nombreux tournants.

Dans les nuages

La Cordillère des Andes, en Amérique du Sud, a quelques-unes des lignes les plus hautes du monde. Celle du Peruvian Central va jusqu'à plus de 4 800 m ! Les wagons sont équipés de bouteilles d'oxygène pour les passagers indisposés par l'altitude.

Ce train émerge d'un tunnel andin. Lorsqu'il n'est pas possible de contourner une montagne, des tunnels sont creusés pour laisser passer la voie.

À l'assaut de l'Himalaya

Cette image illustre une boucle de la ligne du Darjeeling. Cette configuration de la voie permet au train de grimper plus facilement.

La ligne du Darjeeling, en Inde, traverse la chaîne de l'Himalaya. Elle monte jusqu'à 2 000 m, en faisant quantités de boucles et de zigzags pour que la locomotive à vapeur puisse gravir les versants montagneux. Ouverte en 1881, cette ligne de trains à vapeur fonctionne encore.

Trains à crémaillère

Les voies à crémaillère permettent l'ascension des pentes les plus raides, grâce à un rail à crans supplémentaire (la crémaillère). La locomotive est munie d'une roue dentée, le pignon, qui s'engrène dans la crémaillère. Ceci maintient la locomotive en position et l'aide à se hisser vers le sommet.

Ce train à crémaillère permet d'atteindre Gornergrat, la gare suisse la plus haute.

Les dents de la roue s'enclenchent dans les crans de la crémaillère.

Funiculaires

Pour les pentes encore plus abruptes, on utilise un chemin de fer appelé funiculaire. Pendant qu'une voiture, aidée par un câble, monte le long de la voie, une seconde voiture sert de contre-poids en descendant une voie parallèle. Les câbles sont actionnés par un moteur à vapeur ou électrique.

Les funiculaires peuvent gravir des côtes très raides. Ce funiculaire électrique assure la montée du Niesen, en Suisse.

De plus en plus vite

Dans les années 30, les compagnies ferroviaires commencèrent à s'inquiéter de la concurrence de l'automobile. Pour attirer les passagers, elles décidèrent de construire des locomotives encore plus puissantes et plus rapides.

Liens Internet

Train : histoire de records au fil du temps.
Pour le lien vers ce site, connecte-toi à :
www.usborne-quicklinks.com/fr

La locomotive *Flying Scotsman* est encore souvent utilisée dans les manifestations officielles.

À la vitesse du vent

L'une des locomotives les plus rapides des années 30 portait le nom de *Flying Scotsman* (l'Écossais volant). Construite en Angleterre, elle menait le premier train non-stop entre Édimbourg et Londres, soit une distance de 632 km, un record pour l'époque. En 1934, la *Flying Scotsman* battit un nouveau record : elle devint la première locomotive à atteindre une vitesse de 160 km/h. Les initiatives se multiplièrent, dans le monde entier, afin de battre ce record.

Fait : en 1989, la *Flying Scotsman* établit un nouveau record mondial : celui de la plus longue distance non-stop parcourue par une locomotive à vapeur : 679 km.

Les champions du fer

Le record de vitesse de la *Flying Scotsman* fut battu par beaucoup de locomotives rivales : en 1936, la locomotive la plus rapide du monde devint l'allemande N° 05001, avec 199 km/h.

Puis, en 1938, une nouvelle locomotive anglaise, la *Mallard*, réussit à atteindre la vitesse de 202 km/h. C'était un record mondial, qui n'a jamais été battu par une autre locomotive à vapeur.

L'élégante *Mallard* qui roula pendant vingt-cinq ans en Angleterre.

Aérodynamisme

Lorsqu'un train ou tout autre véhicule avance, l'air lui oppose une résistance et le ralentit. Les locomotives à vapeur étant très hautes, elles offraient davantage de prise à l'air. Dans les années 1930, des ingénieurs eurent l'idée de construire des locomotives comme la *Mallard*, d'un profil plus arrondi, ou aérodynamique. L'air passait au-dessus du train, qui n'était pas ralenti.

Forme typique d'une locomotive à vapeur. Les flèches montrent la direction de l'air contre l'avant vertical.

Locomotive de profil aérodynamique. L'air glisse sur l'avant arrondi. De nombreux trains à grande vitesse ont une forme aérodynamique.

Le diesel

À partir des années 30, les locomotives diesels ont commencé à supplanter celles à vapeur. Elles consommaient moins de carburant, coûtaient moins cher et roulaient plus vite.

Locomotive diesel de la ligne Santa Fe, aux couleurs rouge et jaune caractéristiques

Locomotives diesels électriques

Bien que les locomotives diesels utilisent du gazole, c'est l'électricité qui propulse leurs roues : le moteur diesel alimente une génératrice qui produit de l'électricité. Celle-ci actionne de petits moteurs qui font tourner les roues.

Vue en coupe d'une locomotive diesel électrique typique avec un moteur diesel, une génératrice d'électricité et un moteur relié à chaque roue

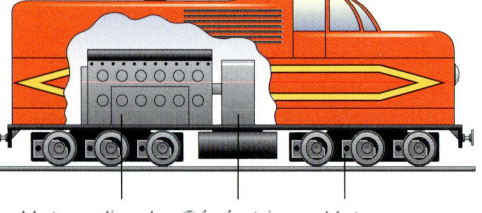

Moteur diesel   Génératrice   Moteur

Le style américain

Le design des locomotives diesels est souvent très élaboré. La Zephyr américaine des années 30 avait un corps d'acier profilé couleur d'argent. Dans les années 50, les diesels de la ligne Santa Fe étaient célèbres pour leur logo jaune et rouge.

Fait : le record mondial de vitesse pour les trains diesels est détenu depuis 1987 par un Intercity 125 anglais, avec 238 km/h.

La locomotive Deltic

Le diesel fit son apparition en Angleterre dans les années 60. La locomotive la plus célèbre parmi les premières diesels s'appelait la Deltic et elle était capable de rouler à 169 km/h. C'était un record pour l'époque dans ce pays.

À droite, la première Deltic jamais construite. Elles furent 22 au total, qui reliaient Londres au nord du pays.

Liens Internet

Tu peux voir ici quelques photos de locomotives diesels. Pour le lien vers ce site, connecte-toi à :
www.usborne-quicklinks.com/fr

Le Trans-Euro-Express

Un service diesel à haute vitesse fut lancé en Europe en 1957. Appelé le Trans-Euro-Express (TEE), ce train reliait la France, l'Allemagne, l'Italie, la Suisse et les Pays-Bas. Ses wagons étaient rouge vif, avec une locomotive au nez long et arrondi. Ce service était conçu pour des voyages de luxe, qui coûtaient cher.

Un train diesel du TEE fonce à travers l'Allemagne.

Les trains de marchandises

Le train est un moyen de transport rapide et efficace pour toutes sortes de marchandises, du charbon aux produits chimiques. Les wagons sont des fourgons ouverts ou des conteneurs scellés montés sur plateformes.

Transport des aliments

Aujourd'hui, des fourgons isothermes transportent les produits frais comme les fruits, les légumes, la viande et le poisson. Avant l'invention des réfrigérateurs, on utilisait des wagons remplis de glace, qu'il fallait recharger dans une « gare de glaçage » lorsque la glace fondait.

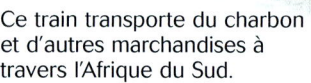
Ce train transporte du charbon et d'autres marchandises à travers l'Afrique du Sud.

Trappe à glace
Échelle d'accès

Dans les premiers wagons de produits frais, la glace était chargée par une trappe aménagée dans le toit.

De plus en plus long

Aujourd'hui, les trains de marchandises sont tirés par des locomotives diesels. Plusieurs locomotives doivent souvent être attelées ensemble. Le plus long train de marchandises qui ait jamais voyagé avait 660 wagons. Cela eut lieu en 1989, en Afrique du Sud : le train, tiré par 16 locomotives diesels, ne voyagea que sur une distance de 7 km.

Les trains postaux

Avant les avions et les camions, c'étaient les trains qui transportaient le courrier, le ramassant souvent sans même s'arrêter : les sacs de courrier étaient suspendus par des crochets spéciaux près des rails et étaient pris dans un filet au passage du train.

Les employés à bord triaient les lettres, puis ils les suspendaient dans un sac dehors, où elles seraient prises dans un autre filet à la gare de destination.

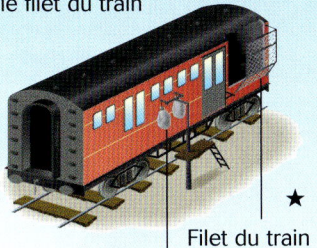

Sacs postaux suspendus à un crochet, prêts à tomber dans le filet du train

Filet du train
Sac postal

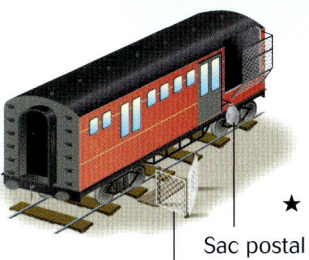

Un filet est installé sur le quai pour recevoir le courrier trié.

Sac postal
Filet du quai

Courrier souterrain

Londres a un service postal ferroviaire souterrain depuis 1927. Des trains électriques sans conducteurs amènent les wagons vers de grandes postes de triage. Ce service est actuellement informatisé.

L'un des trains postaux souterrains de Londres

Train de marchandises diesel dans l'État du Wyoming aux États-Unis. Des wagons sont encore visibles loin sur la gauche, mais toujours pas la queue du train.

Fait : le chargement le plus lourd jamais transporté était du fer pesant plus de 70 000 tonnes.

27

Les géantes à vapeur

Les plus grosses locomotives à vapeur virent le jour dans les années 1940. Elles étaient capables de tirer de très lourdes charges sur de longues distances.

Liens Internet

Voyage dans l'Amérique du Nord à bord de trains à vapeur, avec de belles photos. Pour le lien vers ce site, connecte-toi à : www.usborne-quicklinks.com/fr

Les Big Boys

Les locomotive géantes les plus célèbres furent les *Big Boys* (grands garçons) de l'Union Pacific. Elles étaient deux fois plus longues que les autres et pouvaient tirer 100 wagons à pleine charge. Sur terrain plat, elles atteignaient la vitesse de 110 km/h.

Cette locomotive Big Boy fait 5 m de haut, soit trois fois la taille d'un homme.

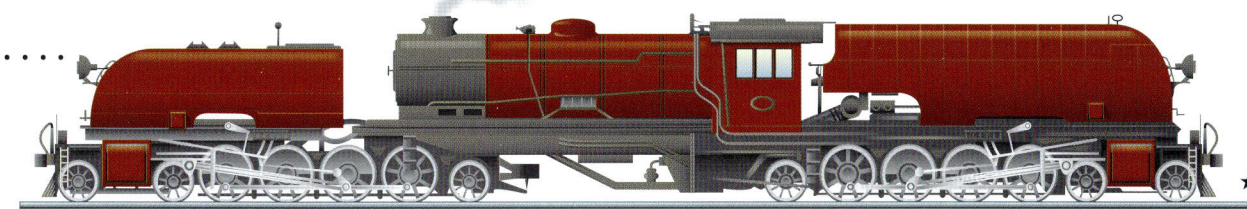

Deux fois plus puissantes

Les locomotives à vapeur les plus puissantes, comme les Big Boys, avaient deux paires de roues motrices au lieu d'une (voir page 9). Ceci leur permettait de tirer des charges plus lourdes et de grimper des pentes plus raides. Elles pouvaient faire le travail de deux ou trois locomotives plus petites.

Construites pour durer

Ces géantes à vapeur étaient si robustes que certaines d'entre elles, fabriquées par l'entreprise anglaise Beyer-Garratt, sont encore en service en Afrique, où elles servent au transport du charbon et autres marchandises.

Dessin d'une locomotive Beyer-Garratt. Elle a 16 grandes roues motrices, qui en font l'une des locomotives les plus longues et les plus puissantes du monde.

Trains militaires

Beaucoup de grosses locomotives furent construites pendant la Deuxième Guerre mondiale pour approvisionner les soldats en carburant, nourriture et munitions. Elles devaient être assez robustes pour passer sur les voies endommagées par les bombardements.

Tanks transportés par train pendant la Deuxième Guerre mondiale.

29

L'électricité à toute vitesse

Les premiers trains électriques rapides furent construits dans les années 1950. Ils allaient plus vite que les trains diesels ou à vapeur. Ils étaient conçus pour assurer le trafic passager sur de longues distances et pour concurrencer l'avion.

Liens Internet
L'Empire du Rail : tout savoir sur les trains japonais (réseau des trains, métro, monorail), avec clips sonores. Pour le lien vers ce site, connecte-toi à : www.usborne-quicklinks.com/fr

Premiers modèles

Les premiers trains à grande vitesse ont été inventés en Europe. Ils pouvaient atteindre des vitesses de 130 km/h. Ils étaient souvent luxueux et ne comprenaient que des wagons de première classe, dont les billets coûtaient très cher.

Leur seul problème était d'avoir à partager la voie avec les trains de passagers ou les trains de marchandises moins rapides. Ceci les empêchait de rouler à pleine vitesse.

Le Settebello était le train italien le plus rapide des années 1950.

Ce train superexpress japonais a un profil très aérodynamique pour traverser l'air plus facilement.

Fait : les passagers du Settebello pouvaient s'asseoir à l'avant et contempler la voie devant eux. La cabine du conducteur était située au-dessus.

La ligne Okaido

En 1964, une ligne spéciale fut construite au Japon, uniquement pour les trains à grande vitesse, dits superexpress. C'était la ligne Okaido, entre Tokyo et Osaka. Les trains électriques pouvaient y rouler jusqu'à 210 km/h.

Depuis, d'autres lignes semblables ont été construites dans ce pays, avec des trains encore plus rapides. Les trains superexpress japonais ont une forme très arrondie.

Un succès français

La première ligne européenne réservée aux trains à grande vitesse a vu le jour en France en 1982. Les TGV, comme ils furent appelés, reliaient Paris et Lyon.

Pratiques et rapides, roulant à une vitesse moyenne de 270 km/h, les TGV ont tout de suite été adoptés par des milliers de voyageurs. D'autres lignes TGV ont été construites depuis et des projets similaires ont été entrepris ailleurs dans le monde.

La voie doit être le plus droite possible, sans virages qui ralentiraient le train.

L'un des premiers TGV, utilisé sur le réseau Rhône-Alpes

La fin de la vapeur ?

Aujourd'hui, la plupart des trains sont électriques ou diesels, car ils sont plus efficaces que ceux à vapeur. Toutefois, la vapeur subsiste dans certains pays comme la Chine et l'Afrique du Sud. Ailleurs, de petites lignes à vapeur sont restaurées pour la joie des touristes.

Liens Internet

Découvre les lignes de chemin de fer touristiques en France. Pour le lien vers ce site, connecte-toi à : www.usborne-quicklinks.com/fr

Trains chinois

Les trains à vapeur ont été longtemps utilisés en Chine, un pays riche en charbon. Mais la construction des locomotives à vapeur, considérées comme démodées, a été abandonnée en 1982. La Chine compte actuellement moins de 3 000 trains à vapeur, contre 12 000 diesels et électriques.

Les panneaux métalliques sur les côtés de cette locomotive chinoise sont des déflecteurs de vapeur, forçant la fumée vers le haut, loin de la cabine.

Des musées roulants

Nombreux sont ceux qui pensent que les trains à vapeur sont bien plus beaux et bien plus intéressants que les trains modernes. Des associations d'enthousiastes se sont formées pour réparer, repeindre et faire rouler les vieilles locomotives, pour la joie des petits et des grands.

Train à vapeur de la Bluebell Railway, au sud de l'Angleterre. La ligne appartient à un groupe de fans de la vapeur qui y font rouler d'autres trains restaurés.

Fait : il existe encore quelques constructeurs de locomotives à vapeur. Récemment, huit trains à vapeur ont été fabriqués pour les chemins de fer suisses.

Sous la mer

Quelques lignes ferroviaires passent dans des tunnels sous-marins. La plus longue est celle du Tunnel sous la Manche, qui relie la France et l'Angleterre depuis 1994.

Navette transportant des camions de marchandises dans de longs wagons couverts.

Le Tunnel sous la Manche

Le Tunnel sous la Manche est formé de trois tunnels d'environ 50 km chacun : deux tunnels ferroviaires, reliés par des couloirs à un tunnel de service central. Le tunnel de service permet d'effectuer les réparations plus facilement.

La construction des tunnels s'est achevée en 1994, après huit ans de travaux. Des foreuses spéciales furent utilisées pour creuser à 40 mètres en dessous du fond de la mer.

Les navettes

Les trains qui transportent les camions, les voitures, les bus et les motos entre la France et l'Angleterre s'appellent des navettes. Les passagers ne quittent pas leur véhicule. En fin de trajet, ils démarrent et sortent du train directement sur la route.

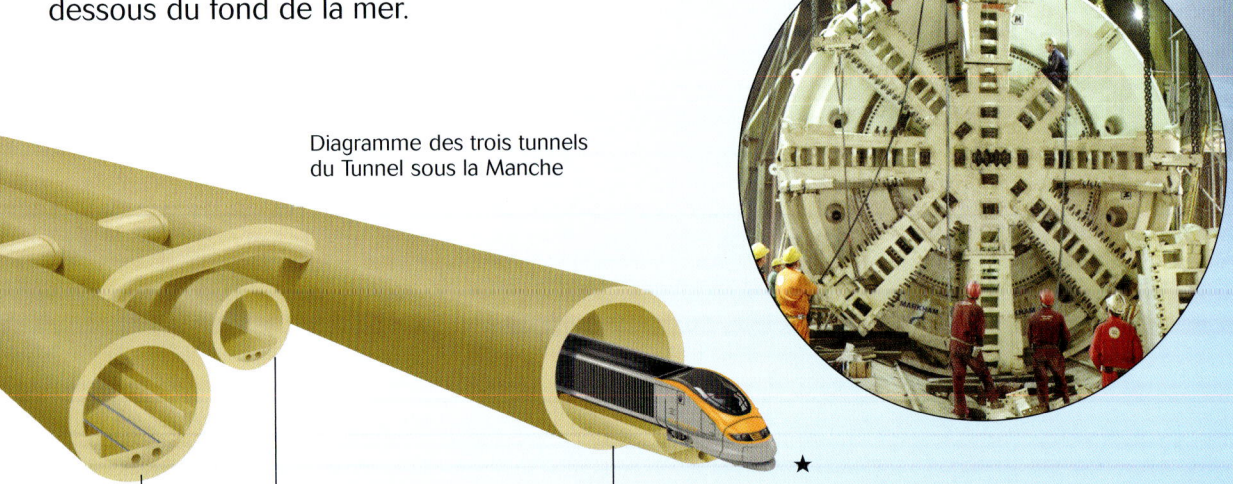

Diagramme des trois tunnels du Tunnel sous la Manche

Tunnel ferroviaire vers l'Angleterre

Tunnel de service

Tunnel ferroviaire vers la France

Foreuse employée pour percer le sol et les rochers sous la Manche.

L'Eurostar

Les trains Eurostar assurent un service passagers à grande vitesse entre Londres et Paris. Le voyage ne prend que trois heures, soit plus de deux fois moins qu'avec un train ordinaire et le ferry.

Les trains sont de même conception que les TGV (voir page 31) ; ils tirent 18 wagons et peuvent accueillir 770 passagers, presque autant que deux avions de ligne.

Nouveau tunnel sous-marin

Un autre lien ferroviaire entre deux pays est celui du tunnel-pont d'Øresund, ouvert en l'an 2000 entre le Danemark et la Suède. Les trains au départ du Danemark passent dans un tunnel sous-marin de 4 km, puis arrivent sur une île artificielle. Un pont les conduit ensuite jusqu'en Suède.

La ligne ferroviaire reliant la Suède et le Danemark est tracée en rouge sur le dessin.

Train Eurostar. Il est construit dans des matériaux ignifugés spéciaux afin de réduire les risques d'incendie dans le tunnel.

Fait : environ 360 trains passent sous la Manche chaque jour.

Les trains modernes

Les ingénieurs travaillent constamment pour concevoir de nouveaux trains toujours plus rapides, plus confortables et plus efficaces.

Trains pendulaires

Les trains ne peuvent pas aller aussi vite dans les tournants que lorsque la voie est droite : s'ils ne ralentissaient pas dans un virage, la force centrifuge projetterait les passagers sur le côté.

Les trains sont aujourd'hui construits avec un dispositif basculant qui leur permet de s'incliner à grande vitesse, comme un cycliste dans les tournants, sans pour cela que les passagers soient incommodés.

Les trains Thalys roulent entre Paris, Bruxelles et Amsterdam. Leurs fauteuils sont rouges, comme leur carrosserie extérieure, d'où leur surnom de « trains rouges ».

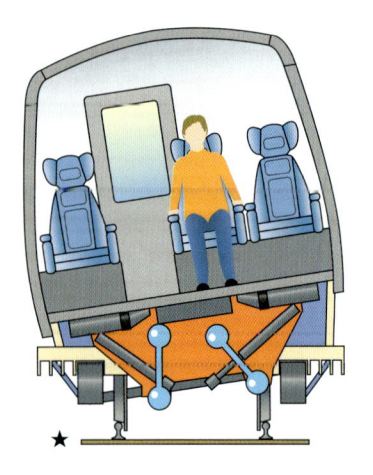

Cette vue en coupe montre la cabine d'un train pendulaire dans un virage. Les roues restent ancrées sur les rails et les passagers ne sentent ni le mouvement basculant, ni la force du tournant.

Les nouveaux TGV

Les TGV sont parmi les trains les plus rapides du monde. L'un des nouveaux modèles est le Thalys, avec une vitesse maximum de 300 km/h. Les trains Thalys sont détenus en commun par les compagnies ferroviaires des pays qu'ils parcourent : la France, la Belgique, la Hollande et l'Allemagne.

36

Fait : en 2001, le record de vitesse sur 1 000 km a été battu par un TGV de Calais à Marseille, avec une moyenne de 306 km/h.

Rapides et propres

Les trains électriques modernes sont bien moins polluants que les voitures et les avions. C'est pourquoi ils sont de plus en plus utilisés pour le trafic en ville, sous forme de métro, de monorail ou de tram.

Liens Internet

Tu peux ici te renseigner sur le Thalys et sur Eurostar. Pour le lien vers ce site, connecte-toi à : **www.usborne-quicklinks.com/fr**

À Sidney, en Australie, ce monorail transporte les habitants à leur travail et fait découvrir la ville aux touristes en visite.

Les trains flottants

Il existe aujourd'hui des trains sans roues, qui se déplacent en suspension sur une voie spéciale, dite piste de guidage, grâce à des aimants très puissants. Ce type de train est appelé train à sustentation magnétique, ou en plus court, Maglev.

> **Liens Internet**
> Tu peux voir ici des photos de Maglevs japonais. Pour le lien vers ce site, connecte-toi à :
> www.usborne-quicklinks.com/fr

Les plus rapides

Les Maglevs sont encore au stade des essais, mais ils devraient vite devenir les plus rapides du monde. En 1999, un Maglev a atteint 549 km/h sur une piste d'essai. Des trains à sustentation magnétique ont été construits en Allemagne et au Japon. Un projet existe aussi aux États-Unis.

L'un des nouveaux Maglevs japonais pendant un essai

La voie magnétique

Diagramme d'une piste de guidage

Bobines métalliques latérales

Bobines métalliques sur le fond de la piste

La piste de guidage a des bobines métalliques sur les côtés et le bas. Lorsque l'électricité circule dans ces bobines, elles deviennent des aimants très puissants appelés électroaimants.

Les électroaimants sur la piste de guidage génèrent une force qui repousse d'autres aimants placés sous le train et qui soulève ce dernier. Les électroaimants latéraux de la piste repoussent et attirent en alternance les aimants placés le long du train, le faisant ainsi avancer.

Fait : les Maglevs sont beaucoup plus silencieux que les trains ordinaires, car ils ne touchent pas la voie. Ils sont aussi plus confortables.

Le Transrapid

Le Maglev allemand est appelé le Transrapid. Il est basé sur un principe différent du Maglev japonais. Les parois latérales du train chevauchent un rail de guidage surélevé. Les électroaimants qui soulèvent le train et le propulsent se trouvent dans les rebords incurvés du train et sous le rail de guidage.

Diagramme en coupe du Transrapid sur son rail de guidage

Jeu d'électroaimants

Rail de guidage

★ Rebord incurvé du train

Image de synthèse du tout dernier modèle de Transrapid

Le futur

Ce petit Maglev japonais est spécialement conçu pour les déplacements urbains.

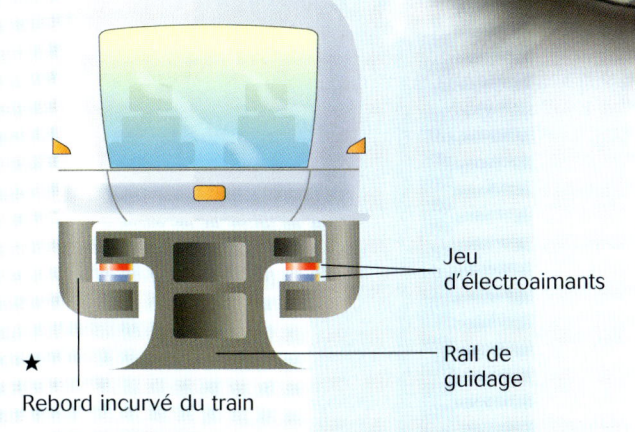

Les ingénieurs japonais travaillent sur un Maglev capable d'atteindre jusqu'à 300 km/h sur un réseau interurbain. Un Maglev plus petit pourrait aussi être utilisé à l'intérieur des villes. Mais le coût de construction des pistes de guidage est tel qu'il leur sera difficile de remplacer les lignes traditionnelles.

Les grands voyages en train

Des lignes de chemin de fer ont été construites à travers les paysages les plus spectaculaires du monde. Voici quelques voyages en train extraordinaires.

Le Transsibérien

La carte ci-contre montre le trajet que suit la ligne du Transsibérien. Ci-dessus, une des anciennes locomotives à vapeur qui desservait la ligne.

Le Transsibérien est la ligne de chemin de fer la plus longue du monde. Elle va de Moscou, à l'ouest de la Russie, à Vladivostok, à l'est, soit une distance de plus de 9 000 km. Elle traverse des terres montagneuses, des plaines glacées et de vastes étendues marécageuses. Le voyage prend environ sept jours.

L'Indian Pacific

L'Indian Pacific traverse l'Australie entre Perth à l'Ouest et Sidney à l'Est. C'est un voyage de 64 heures. Une partie de la route passe par le désert de la plaine de Nullarbor, une étendue aride quatre fois plus grande que la Belgique. La voie est complètement rectiligne pendant 478 km, ce qui représente un record mondial.

Un train de l'Indian Pacific traverse la plaine de Nullarbor, un désert dont le nom signifie « sans arbres » en latin.

La traversée des Rocheuses

L'un des trajets en train les plus beaux du monde va de Vancouver à Calgary, dans l'Ouest canadien. Les passagers montent à bord du *Rocky Mountaineer*, dont la route se faufile entre les cimes enneigées des montagnes Rocheuses.

Liens Internet
Pars en voyage sur le *Rocky Mountaineer* au Canada. Pour le lien vers ce site, connecte-toi à : www.usborne-quicklinks.com/fr

Le *Rocky Mountaineer* près du mont Stephen, en Colombie-Britannique, au Canada

Fait : le voyage du *Rocky Mountaineer* entre Vancouver et Calgary prend deux jours. Les passagers passent la nuit dans un hôtel de luxe.

Les trains miniatures

Les trains miniatures existent depuis l'invention du train. Au départ, c'étaient de simples jouets mécaniques à remonter, mais ils se sont perfectionnés au point d'être de parfaites répliques de tous les trains jamais construits.

Liens Internet

Tu peux voir ici quelques photos d'un train miniature. Pour le lien vers ce site, connecte-toi à : www.usborne-quicklinks.com/fr

Échelles

Les trains miniatures sont construits en plusieurs échelles de réduction. Chaque collectionneur se limite à une taille particulière, pour que tous les modèles soient proportionnés les uns aux autres. Une échelle populaire est O, qui réduit de 48 fois. Certaines échelles sont encore plus réduites : une locomotive à l'échelle Z, au 1/220e (220 fois plus petite que le vrai train), tient dans le creux de la main.

Reproduction de locomotive électrique moderne

Reproduction de locomotive à vapeur des années 1940

Ces locomotives sont fabriquées par l'entreprise anglaise de modélisme Hornby. Elles sont à l'échelle OO, ce qui signifie qu'elles mesurent environ 23 cm de long.

Reproduction de la *Coronation,* une locomotive à vapeur aérodynamique de 1937

Reproduction de locomotive électrique moderne

De plus en plus grand

Certains enthousiastes construisent d'immenses réseaux de chemin de fer miniature. L'un des plus grands appartient à un Américain du nom de Bruce Williams : il compte 13 km de voies, plus de 300 ponts, environ 4 000 bâtiments et 500 000 arbres.

Ce chemin de fer miniature a plusieurs trains sur des rails interconnectés.

Fait : Arthur Sherwood, un modéliste australien, construit des trains longs de la moitié d'une allumette. Ils sont tous munis de micromoteurs électriques.

Incroyable, mais vrai...

Au cours des années, des trains extraordinaires ont été construits. En voici quelques-uns parmi les plus curieux.

🚂 La *Cycloped* était une locomotive mue par un cheval, inventée en 1829. Le cheval trottait sur un tapis roulant à l'intérieur de la locomotive, la faisant ainsi avancer à 8 km/h… ou moins quand le cheval était fatigué.

🚂 Entre 1896 et 1901, un curieux train sur pilotis roulait sur la plage de Brighton, en Angleterre. La partie principale du train se trouvait ainsi bien au-dessus des rails, l'idée étant d'éviter que les passagers ne se mouillent à la marée haute. Le train était alimenté par un câble électrique aérien.

🚂 En 1880, un funiculaire fut construit le long du Vésuve, un volcan italien. De nombreux touristes le prenaient pour admirer la vue au sommet. Hélas, en 1944 le volcan se réveilla et détruisit la voie.

🚂 Les aérotrains furent inventés en France dans les années 60. Ils étaient suspendus sur coussin d'air et propulsés par une hélice en haut du train, elle-même mue par un moteur d'avion. Seuls quelques aérotrains furent cependant construits, en raison du développement contemporain du TGV et de sa popularité.

La photo ci-dessus représente un aérotrain. Lors des tests, ces trains pouvaient atteindre plus de 350 km/h.

✺ Dans les années 1920, un ingénieur écossais du nom de George Bennie mit au point un train expérimental, le *Railplane*. C'était un monorail propulsé par des hélices, comme un avion. Un seul fut construit.

✺ Le train à passagers le plus long qui ait jamais voyagé avait 70 voitures et était tiré par une locomotive électrique. Ceci eut lieu en Belgique, en 1991.

✺ L'un des trains les plus aérodynamiques est le nouveau superexpress japonais. L'avant est si pointu qu'il n'y a pratiquement plus de place pour le conducteur.

Le nez allongé de ce nouveau train superexpress fait 15 m de long. Sa forme pointue l'aide à fendre le vent.

✺ Dans les régions enneigées, comme l'Alaska, des locomotives spéciales servent à dégager la voie. Des lames tournantes montées à l'avant chassent la neige au fur et à mesure que la locomotive avance.

✺ Certains trains électriques n'ont pas de conducteur. Ils sont dirigés par des ordinateurs qui maintiennent une distance de sécurité entre deux trains.

✺ Le véhicule le plus rapide qui ait jamais roulé sur des rails était alimenté par un moteur de fusée. Il n'avait pas de conducteur. Sa vitesse record établie en 1982 était de 9 851 km/h, soit huit fois la vitesse du son.

Les liens Internet

Si tu as accès à Internet, ce livre te permettra de visiter les sites Web que nous recommandons. Pour cela, connecte-toi à notre site Quicklinks à l'adresse : **www.usborne-quicklinks.com/fr** où tu trouveras un lien direct à chaque site.

Tu pourras ainsi, par exemple :
• En savoir plus sur le principe de fonctionnement d'une locomotive à vapeur.
• Admirer de superbes photos de toute sortes de trains.
• Faire un superbe voyage virtuel à bord d'un train touristique au Canada.
• Voir des photos d'un train miniature.

La disponibilité des sites

Tous les sites Web proposés dans ce livre sont régulièrement vérifiés et les liens mis à jour par nos rédacteurs. Parfois, un message apparaît à l'écran t'indiquant que le site recherché n'est pas disponible pour l'instant. Il se peut que ce soit provisoire, réessaie donc plus tard ou le lendemain. Cependant, il arrive que les adresses des sites changent ou que ceux-ci disparaissent. Si un site n'est plus accessible, nous le remplacerons, si possible, par un autre. C'est pour cela que les descriptions des liens figurant dans le livre sont parfois un peu différentes de celles des liens donnés sur le site Quicklinks.

Les images téléchargeables

Certaines images de ce livre peuvent être téléchargées gratuitement à partir du site Quicklinks pour ton usage personnel, par exemple, dans le cadre d'un projet scolaire. Elles sont indiquées par le symbole ★. Attention, elles ne doivent pas être utilisées dans un but commercial.

IL N'EST PAS OBLIGATOIRE D'AVOIR UN ORDINATEUR

Tel quel, cet ouvrage de référence est complet et ne nécessite aucun auxiliaire.

La sécurité sur Internet

Pour utiliser au mieux Internet, il est recommandé de suivre les conseils suivants :
• Demande toujours la permission avant de te connecter à Internet.
• Ne révèle jamais ton vrai nom, ton adresse, celle de ton école ou ton numéro de téléphone.
• Si un site te demande de t'inscrire avant de te connecter en tapant ton nom ou ton adresse électronique, demande d'abord la permission à un adulte.
• Ne conviens jamais d'un rendez-vous avec une personne rencontrée sur Internet.

Ce dont tu as besoin

Pour accéder aux sites Web proposés dans ce livre, il te faut un ordinateur et un navigateur (un logiciel permettant aux internautes de trouver les sites créés sur le Web).

Tu auras peut-être aussi besoin de programmes additionnels, appelés modules externes ou plugins, qui permettent de consulter les sites Web contenant du son, des animations ou des vidéos et images en 3D. Si tu accèdes à un site sans le module externe nécessaire, un message apparaît à l'écran indiquant comment le télécharger. Si cela n'est pas le cas, connecte-toi sur notre site Quicklinks et clique sur « Besoin d'aide ? ». Tu y trouveras des liens qui te permettront de télécharger gratuitement tous ces modules.

Note pour les parents

Tous les sites Web recommandés dans ce livre ont été sélectionnés avec soin par nos rédacteurs et conviennent aux enfants. Cependant, un site peut changer à tout moment et les éditions Usborne ne peuvent être tenues responsables du contenu des sites Web autres que le leur.

Nous recommandons aux adultes d'encadrer les jeunes enfants lorsqu'ils utilisent Internet, de leur interdire l'accès aux salles de conversation (chat rooms) et d'utiliser un système de filtrage afin de bloquer l'accès à tout matériel indésirable. Les enfants doivent lire les instructions de sécurité ci-dessus. Voir aussi « Besoin d'aide ? » sur Quicklinks.

Index

Adler, Der 8
aérodynamisme 5, 23, 30, 31, 42, 45
aérotrains 44
alimentation électrique
    par câble aérien 5, 17, 44
    par le rail 5, 17
Art nouveau 19
ballast 12
Bluebell Railway 33
Catch Me Who Can 6
chasse-corps/chasse-pierres 10, 11
chemins de fer
    africains 13, 29
    allemands 8, 16, 17, 23, 25, 36, 38, 39
    américains 10-11, 13, 16, 18, 24, 27, 28, 38
    anglais 6, 7, 8, 22, 23, 24, 25, 33, 34, 35, 44
    australiens 37, 40
    belges 36, 45
    canadiens 41
    chinois 32
    d'Afrique du Sud 16, 26, 32
    d'Amérique du Sud 20
    danois 35
    français 8, 19, 25, 31, 34, 35, 36, 44
    hollandais 25, 36
    indiens 2-3, 9, 20
    italiens 25, 30, 44
    japonais 17, 30, 31, 38, 39, 45
    miniatures 42-43
    russes 19, 40
    suédois 35
    suisses 8, 21, 25, 39
construction des chemins de fer 6, 7, 8, 10, 11, 12-13, 31, 34, 39
Coronation 42
Cycloped 44
Darjeeling 2-3, 20
déflecteurs de vapeur 32
Deltic 25
Deuxième Guerre mondiale 29
écartement de voie 8
échelle (des trains miniatures) 42
Eurostar 35
Fairy Queen 9
Flying Scotsman 22, 23
Forth Railway Bridge (pont) 12-13
funiculaires 21, 44
Guimard, Hector 19

Hudson, George 8
Indian Pacific 40
Intercity 125 24
lien ferroviaire d'Øresund 35
ligne Metropolitan 18
Locomotion 6
locomotive
    Beyer-Garratt 29
    Big Boy 28-29
    chasse-neige 45
    définition 4
    invention 6-7
    Maglev 38-39
Mallard 23
métro
    de Londres 18
    de Moscou 19
    de New York 18, 19
    parisien 19
métros 5, 18-19, 27, 37
monorail
    du Wuppertal 17
    suspendu Shonan 17
monorails 17, 37, 45
Napoléon III 15
navettes 34
Nullarbor, plaine de 40
Orient Express 14
Peruvian Central 20
piste de guidage 38
ponts 12, 16, 35
Railplane 45
rails 12
records
    distance non-stop parcourue la plus longue (vapeur) 22
    les plus grandes locomotives à vapeur 28-29
    ligne la plus longue 40
    locomotive à vapeur la plus ancienne en fonctionnement 9
    locomotive à vapeur la plus rapide 23
    longueur d'une voie sans virage 40
    première locomotive à atteindre 160 km/h 22
    réseau de métro le plus long 18
    train de marchandises le plus long 26
    train de marchandises le plus lourd 27

    train diesel le plus rapide 24
    train le plus rapide 5
    train passagers le plus long 45
    véhicule sur rail le plus rapide 45
    vitesse sur 1 000 km 36
    voie sous-marine la plus longue 34
Victoria, la reine 15
Rocket 6-7
Rocky Mountaineer 41
roues 6, 7, 9, 11, 24, 29
Santa Fe 24
Settebello 30
Stephenson, George 6, 7
superexpress 5, 30, 31, 45
tender 4
TGV 5, 31, 35, 36, 37, 44
Thalys 36-37
Tom Thumb 11
train
    fusée 45
    marin de Brighton 44
    pendulaire 36
trains
    à commande informatisée 27, 45
    à vapeur 4, 6-7, 8-9, 10-11, 14, 16, 18, 20, 22, 23, 26, 28-29, 32-33, 40, 42
    de marchandises 4, 6, 10, 26-27, 28, 29, 34
    diesels 4, 5, 24-25, 26, 27, 32
    électriques 4, 5, 16, 17, 18, 21, 24, 27, 30-31, 32, 36, 37, 42, 44, 45
    miniatures Hornby 42
    passagers 4, 10, 14, 15, 30, 31, 34, 35, 36, 40, 41, 44, 45
    postaux 27
trams 16, 37
Trans Euro Express 14-15
Transrapid 39
Transsibérien 40
traverses 12
Trevithick, Richard 6
tunnel
    de l'Hoosac 13
    sous la Manche 34-35
tunnels 13, 18, 20, 34, 35
Union Pacific 11, 13, 28
voies à crémaillère 21
wagons 4, 6, 14, 15, 20, 21, 25, 26, 30, 34, 35, 45
    isothermes 26
Zephyr 24

Remerciements

Toute mesure possible a été prise pour retrouver les détenteurs des droits d'auteurs sur les images présentées dans ce livre. Nous nous excusons de tout oubli éventuel et effectuerons les modifications nécessaires dans les éditions subséquentes après notification. L'éditeur remercie les individus et les organismes suivants de leur aide et de leur permission de reproduction des œuvres leur appartenant (h = haut, m = milieu, b = bas, g = gauche, d = droite) :

Couverture © W.A. Sharman ; Milepost 92½/CORBIS, © John Russell ; **p.1** Robert Holmes/CORBIS ; **pp. 2-3** © Ric Ergenbright/CORBIS ; **pp. 4-5h** © Mark Brayford/Milepost 92½ ; **p. 4b** © TRH/D Burrows ; **p. 5b** © Powerstock Zefa ; **pp. 6-7m** © TRH/A Barnes ; **p. 6h** © Bettmann/CORBIS ; **p. 6bg** © National Railway Museum/Science & Society ; **p. 8b** © Alan Pike/Milepost 92½ ; **p. 9h** © Milepost 92½ ; **pp. 10-11, arrière-plan** © Joseph Sohm : Visions of America/CORBIS ; **p. 10b** © Ron Ruhoff/Powerstock Zefa ; **p. 11** © Wolfgang Kaehler/CORBIS ; **pp. 12-13b** © National Railway Museum/Science & Society ; **p. 13hd** ; © Bettmann/CORBIS ; **p. 14bg** © Venice Simplon-Orient-Express Ltd ; **p. 15** © National Railway Museum/Science & Society ; **p. 16hd** © G. A. Cryer ; **p. 16b** © Museum of the City of New York/CORBIS ; **p. 17bd** ©Neil Wheelwright/Milepost 92½ ; **p. 18b, tunnel** © Powerstock Zefa ; **p. 18b, train** © Colin Garratt /Milepost 92½/CORBIS ; **p. 19h** © Arnold Jon/The Photographers Library ; **p. 19bd** © Robert Holmes/CORBIS ; **p. 20b** © Tony Morrison/South American Pictures ; **p. 21hd** © Sandro Vannini/CORBIS ; **p. 21** bd © Michel Azema/Funimag ; **p. 22m** © A. J. Hurst ; **p. 23m** © National Railway Museum/Science & Society ; **pp. 24-25b** © Thomas Konz ; **p. 24** hd © Werner Krutein/ Photovault ; **p. 25** hd © National Railway Museum/Science & Society ; **pp. 26-27b** © Union Pacific Historical Collection ; **p. 26h** © Colin Garratt /Milepost 92½/CORBIS ; **p. 27md** © Colin Garratt /Milepost 92½ /CORBIS ; **pp. 28-29b** © Union Pacific Historical Collection ; **p. 29 md** © Hulton-Deutsch Collection/CORBIS ; **p. 30 mg** © Stefano Paolini/Photorail ; **pp. 30-31m** © Michael S. Yamashita/CORBIS ; **p. 31b** © Yann Nottara ; **pp. 32-33b** © Colin Garratt /Milepost 92½ ; **p. 33hd** © TRH/A Barnes ; **p. 34hd** © Jim Byrne/QAPHOTOS ; **p. 34bd** © Diana Craigie/QAPHOTOS ; **p. 35b** © Bill Ross/CORBIS ; **pp. 36-37h** © Clem Tillier/TGVWeb ; **p. 37b** © Bill Ross/CORBIS ; **pp. 38-39, arrière-plan** © Neil Rabinowitz/CORBIS ; **p. 38bg** © Dr. A. J. Finch/ Milepost 92½ ; **p. 39hd** © Michael S. Yamashita /CORBIS ; **p. 39bd** © Transrapid International ; **p. 40hd** © Railfotos/Millbrook House Limited ; **p. 40b** © Commonwealth of Australia, avec l'aimable autorisation des Archives Nationales d'Australie ; **p. 41** © Scott Rowed/Rocky Mountaineer Railtours ; **pp. 42-43, en totalité** © avec l'aimable autorisation de Hornby Hobbies Ltd, tous droits réservés ; **p. 44hd** © John Dominis/Powerstock Zefa ; **pp. 44-45bd** © Dr. A. J. Finch/Milepost 92½.

Directrice de collection : Gill Doherty ; Responsable de rédaction : Jane Chisholm ; Responsable maquette : Mary Cartwright
Montage photographique : John Russell, Roger Bolton et Andrea Slane. Couverture : Zoe Wray et Helen Edmonds

Les éditions Usborne ont fait tous les efforts pour s'assurer que les documents sur les sites Internet proposés dans ce livre conviennent à l'objectif désiré. Nous ne pouvons cependant pas assumer la responsabilité, et nous ne sommes pas responsables, de tout site Internet autre que le nôtre. Nous ne pouvons non plus être responsables de la consultation de documents dangereux, agressifs ou inexacts qui apparaissent sur un site Internet.
Les éditions Usborne ne peuvent garantir que les sites Internet proposés dans ce livre et sur notre site Quicklinks sont permanents, ni que l'adresse indiquée est juste ou précise, ni que les informations données sur ces sites resteront telles que nous les avons décrites dans le livre. Les sites recommandés sur Quicklinks seront régulièrement revus et mis à jour. Les éditions Usborne n'auront aucune responsabilité civile pour tout dommage ou perte provoqués par des virus qui auront pu être téléchargés en naviguant sur les sites que nous recommandons. Les images téléchargeables sont la propriété des éditions Usborne et ne peuvent être imprimées ni reproduites électroniquement pour tout profit commercial ou autre.

© 2008, 2002 Usborne Publishing Ltd, Usborne House, 83-85 Saffron Hill, Londres EC1N 8RT, Grande-Bretagne.
© 2009, 2002 Usborne Publishing Ltd pour le texte français. Le nom Usborne et les marques 🎈 et 🎈 sont des marques déposées d'Usborne Publishing Ltd. Tous droits réservés. Aucune partie de cet ouvrage ne peut être reproduite, stockée en mémoire d'ordinateur ou transmise sous quelque forme ou moyen que ce soit, électronique, mécanique, photocopieur, enregistreur ou autre sans l'accord préalable de l'éditeur. Imprimé à Singapour.